Anne Rivière

Camille Claudel

Die Verbannte

Aus dem Französischen
von Ulrike Schubert

neue kritik

CIP-Kurztitelaufnahme der Deutschen Bibliothek

Rivière, Anne:

Camille Claudel : (1864-1943); d. Verbannte /
Anne Rivière. Aus d. Franz. von Ulrike Schubert. —
Frankfurt (Main) : Verlag Neue Kritik, 1986.

Einheitssacht.: L'interdite, Camille Claudel ‹dt.›

ISBN 3-8015-0208-2

c 1983 by Anne Rivière — Editions Tierce
Alle deutschen Rechte Verlag Neue Kritik KG Frankfurt 1986
Umschlag Michael Klein
Lithos O.R.T. Berlin
Druck Kösel Kempten

INHALT

Herzlichen Dank an dieser Stelle insbesondere Yolaine Simha für ihre tat-
kräftige Unterstützung, Jean Petitot für sein Vertrauen während der lang-
jährigen Recherchen,
sowie Madame Monique Laurent, Kustodin des Musée Rodin, und Monsieur Bruno Gaudichon, Zweiter Kustos der Museen von Poitiers, für ihre
herzliche Aufnahme.

PROLOG

Ich denk, daß Ungerechtigkeit nicht stirbt so unfruchtbar,
Doch daß aus ihr erwächst ein unerschöpflich Leid. (1)

Am 7. September 1943 schreibt Paul Claudel an General Tissier (ein Freund Emile Gallés und ein großer Bewunderer von Camille Claudel, der ihr Meisterwerk *Das reife Alter* auf eigene Kosten gießen ließ): "Camille ist jetzt fast achtzig Jahre alt. In ein paar Tagen werde ich sie in der Heilanstalt besuchen, in der sie seit dreißig Jahren lebt und wo sie ihr trauriges Schicksal beschließt" (2).

Die Bildhauerin Camille Claudel ist die älteste Schwester von Paul, und die angekündigte Reise wird die letzte sein, da Camille am 19. Oktober stirbt.

Paul Claudel notiert in seinem Tagebuch: "Camille in ihrem Bett! Eine Frau von achtzig Jahren, die viel älter wirkt! Der äußerste Verfall, dabei kannte ich sie als Kind und junges Mädchen, im vollen Glanz der Schönheit und des Genies! Sie erkennt mich und, zutiefst gerührt, mich zu sehen, wiederholt sie unaufhörlich: Mein kleiner Paul, mein kleiner Paul! Die Krankenschwester sagt mir, daß sie sich in der Kindheit befindet. Auf diesem großen Gesicht, dessen Stirn immer noch herrlich, genial ist, liegt ein Ausdruck von Unschuld und Glück." (3)

Und wieder in seinem Tagebuch, jedoch im Oktober, fügt er, nach einigen Betrachtungen über die Hauptwerke Camilles, hinzu: "Ich war betroffen über dieses breite Gesicht, über diese riesige Stirn, die das Alter bloßgelegt und modelliert hatte." (4)

Wer war diese Frau, die dreißig Jahre lang bat, man möge sie in ihr Elternhaus zurückkehren lassen, in "dieses hübsche Villeneuve, das auf der Welt nicht seinesgleichen hat" (5)?

Eine verwirrte Geisteskranke oder eine Künstlerin, die der schrecklichen

Feindseligkeit ihrer Familie und der Gleichgültigkeit einer ganzen Gesellschaft ausgesetzt war?

Paul Claudel, der hin- und hergerissen war zwischen Mitleid, das ihm Camille, die Wahnsinnige, einflößte, und Bewunderung für das Werk der Bildhauerin Camille Claudel, kam zu dem Schluß, daß "sie nach einem außergewöhnlich leidvollen Leben vollkommen gescheitert ist" und daß "all jene wunderbaren Gaben, die die Natur ihr verliehen hatte, nur dazu gedient haben, ihr Unglück zu beschließen" (6); er vergaß dabei, daß das der Nachwelt hinterlassene Werk für sich allein die Existenz derjenigen rechtfertigt, die für den Kunstkritiker Octave Mirbeau "etwas Einzigartiges, eine Revolte der Natur, 'die geniale Frau' schlechthin" (7) war und die ihn zu Armand Dayot sagen ließ: "Es würde mich sehr wundern, wenn Mademoiselle Claudel nicht plötzlich eines Tages zu den großen Meistern der Bildhauerei in diesem Jahrhundert zählt."

(1) Die Orestie von Aischylos, französische Nachdichtung von Paul Claudel, deutsch in: Claudel, Gesammelte Werke, Band 5, Heidelberg 1958

(2) Briefwechsel zwischen Paul Claudel und Capitaine Tissier, Archiv des Musée d'Orsay, Paris

(3) Paul Claudel, Journal T 1-T 2, Mercure de France, 1901

(4) ebenda

(5) Camille Claudel, Brief aus Montdevergues, zitiert in: Anne Delbée, Une femme, Presse de la Renaissance 1982 (deutsch: Der Kuß, Hamburg 1985)

(6) Paul Claudel, Mémoires improvisés, Idées, Gallimard, 1969

(7) Octave Mirbeau, Ça et là, in: Le Journal, 12.5.1893

DIE KINDHEIT. VON VILLENEUVE NACH PARIS (1864 – 1883)

Camilles Vater, Louis-Prosper Claudel, der aus den Vogesen stammt, heiratet 1862 Louise Athénaïse Cerveaux.

Am 1. August 1863 wird ein Sohn, Charles Henri, geboren, der am 16. August stirbt. Camille kommt am 8. Dezember 1864 in Fère-en-Tardenois in der Champagne zur Welt, wo ihr Vater seit 1860 Steuereinnehmer ist. Nach ihr werden am 18. Februar 1866 Louise und am 6. August 1868 Paul geboren.

Die gesamte Familie lebt im Pfarrhaus gleich neben dem Friedhof von Villeneuve-sur-Fère, dem Haus von Camilles Großvater, Doktor Athanase Cerveaux. Es ist eine kleine Welt, die sich "in einer Art unnahbarem und mürrischem Stolz" ganz nach außen hin abkapselt und sich "allem übrigen ungeheuer überlegen" fühlt. Aber nach Paul Claudels eigenen Worten ist es auch eine unruhige und streitsüchtige Familie: "Alle stritten sich in der Familie: mein Vater und meine Mutter stritten sich, die Kinder stritten sich mit den Eltern, und sie stritten sich viel untereinander . . ."

In einem Vortrag beschreibt Paul Claudel Villeneuve und seine Gegend als "ein rauhes und strenges Land, ein Land mit fetten Äckern und Wäldern, das nichts von der Heiterkeit der Champagne und dem Liebreiz all jener kleinen Winzerdörfer hat, die in der sanften Biegung der Marne in der warmen Sonne schlafen", als ein Land, in dem es "wenn, dann hart und heftig regnet", und wenn dort Wind aufkommt, dann ist es "ein schrecklicher Wind, der ohne Unterlaß den Hahn auf dem Kirchturm dreht und die Wetterfahne des (ihres) bescheidenen Heims kreischen läßt" (1).

Aus dieser Kindheit bewahrt Camille einen scheuen Stolz, eine arrogante

Schüchternheit, eine Heftigkeit des Gefühls, die in ihren Skulpturen zum Ausdruck kommen, und sie verblüfft durch "ihre originellen Äußerungen, ihre mit bäurischen Derbheiten durchsetzte Rede" (2).

Louis-Prosper Claudel wird nach Bar-le-Duc versetzt, dann 1876 als Grundbuchbeamter nach Nogent-sur-Seine. Er überträgt die Erziehung seiner Kinder einem Hauslehrer, Monsieur Colin, der es versteht, ihnen eine solide klassische Bildung zu geben. Camille ist damals zwölf Jahre alt, und vielleicht ist die reiche Erde der Champagne die Quelle ihrer Berufung. Tatsächlich bringt diese Gegend gerade am Ende des 19. Jahrhunderts mehrere Bildhauer hervor, darunter den Direktor der Ecole Nationale des Beaux Arts, Paul Dubois, einen Urgroßneffen des Bildhauers Pigalle, und Alfred Boucher, der sich sehr für junge Künstler einsetzt. In seiner Großzügigkeit kauft er den runden Weinpavillon der Pariser Weltausstellung von 1900 und läßt ihn in der Rue de Dantzig wieder aufbauen. So entsteht die berühmte "Ruche" (Bienenkorb) (3).

David und Goliath

Camille modelliert zu dieser Zeit eine Plastik *David und Goliath*, die 1898 noch erhalten ist und von Mathias Morhardt so beschrieben wird: "Der junge David ist großartig. Auf dem hingestürzten Körper des Riesen stehend, der mit dem linken Arm noch seinen Kopf zu schützen sucht, den David abgeschlagen hat, triumphiert er in Begeisterung und jugendlichem Schwung." Die knotigen Muskeln sind eher intuitiv als genau gezeichnet, der Rücken ist "riesig und zerklüftet wie der Hang eines Berges" (4). Sie ist dreizehn Jahre alt und formt Ton, behaut Stein und tyrannisiert ihre Umgebung, damit ihr der eine Modell steht, der andere den Gips anrührt oder damit ihr das Hausmädchen in der Backröhre des Küchenherdes die Tonarbeiten brennt. Sie ist "der Künstler". Alles, was sie sieht und was sie liest, dient ihr als Vorlage für Skulpturen: Ödipus, Antigone, Ossian ebenso wie die Politiker ihrer Zeit . . . Sie hat bisher noch keine einzige Unterrichtsstunde im Modellieren oder Zeichnen gehabt und besitzt nur eine vage Vorstellung von Anatomie.

Ratlos angesichts dieser schon so ausgeprägten Begabung, wendet sich ihr Vater an Alfred Boucher. Dieser ist beeindruckt von *David und Goliath* und stellt Camille und ihre Plastik dem Direktor der Ecole des Beaux Arts, Paul Dubois, vor, der ausruft: "Sie haben bei Monsieur Rodin Unterricht gehabt!" Laut Mathias Morhardt kennt sie nicht einmal dessen Namen, und er fügt hinzu: "Dennoch war die Bemerkung von Monsieur Paul Dubois mehr als zutreffend; sie war prophetisch." (5)

1879 wird Camilles Vater nach Vassy-sur-Blaise in der Haute-Marne versetzt. Paul besucht die dortige Schule, und Camille, die, was ihre Berufung angeht, von einem unbezähmbaren Willen erfüllt ist, bedrängt ihre Familie, sie nach Paris gehen und dort Unterricht nehmen zu lassen. Endlich, im Jahre 1881, überwindet sie sämtliche Widerstände und zieht zusammen mit ihrer Mutter, ihrem Bruder und ihrer Schwester nach Paris, während der Vater in Vassy bleiben muß. Sie wohnen in der Avenue de l' Observatoire 29. Paul besucht das Gymnasium Louis-le-Grand, wo er sich, nach gewissen Eingewöhnungsschwierigkeiten (6), mit Léon Daudet, Charcot und Georges Hugo anfreundet.

Camille hingegen hat einen ihrer Vorsätze verwirklicht: sie ist in die Akademie Colarossi eingetreten, und zusammen mit anderen Frauen, vorwiegend Engländerinnen, richtet sie in der Rue Notre-Dame-des-Champs ein Atelier ein.

Zu diesem Zeitpunkt waren Frauen an der Ecole des Beaux Arts nicht zugelassen. Es wird 1889, bis Madame Bertaux, ebenfalls eine Bildhauerin, auf dem Congrès des Oeuvres et Institutions féminines den Beschluß fassen läßt, "in der Ecole des Beaux Arts, von den Männern getrennt, eine Sonderklasse einzurichten, in der eine Frau, ohne daß der Anstand verletzt wird, den gleichen Unterricht erhält wie ein Mann", und es wird 1897, bis Frauen an den Kursen der Ecole teilnehmen können, 1900, bis sie in die Ateliers vordringen, 1903, bis es ihnen gestattet ist, sich am Wettbewerb um den Prix de Rome zu beteiligen.

Camille ist die Seele der Gruppe und muß sich gegen die Unzuverlässigkeit und die finanziellen Forderungen der Modelle zur Wehr setzen, die, wenn erst einmal die Überraschung vorbei ist, daß sie es nur mit jungen Mädchen zu tun haben, die Situation auszunutzen suchen und bisweilen abscheulich und gemein sind. Camille gibt nie nach, sie hat eine Vorstellung von ihren Rechten und Pflichten entwickelt, von der sie nicht abgeht. Wenn ein Modell sie im Stich läßt, vernichtet sie die begonnene Arbeit, damit sie nicht zum Beispiel den Arm des einen Modells an die Schulter eines anderen setzen muß.

Jeden Freitag kommt Alfred Boucher ins Atelier, um die Arbeit von Camille und ihren Gefährtinnen zu korrigieren und zu betreuen. Aus dieser Zeit (1882) sind noch *Die alte Hélène* und die *Büste des dreizehnjäh-rigen Paul* erhalten. Sie ist achtzehn Jahre alt, und für sie zählen "im Leben nur Kunst und Poesie (. . .), alle Konventionen der Familie, der Gesellschaft und der Religion sind nichts als Schwindel". Sie streitet sich über diese Themen viel mit Paul, und als sie "Das Leben Jesu" von Renan in der Familie einführt, ist ihr Zerwürfnis derart, daß darin vielleicht der Hintergrund für Pauls "Bekehrung" zu sehen ist. Auch war sie es anscheinend, die in "La Vogue" Rimbaud entdeckte und ihn Paul zu lesen gab, obwohl dieser schreibt: "Ich werde mich immer an diesen Junimorgen erinnern, an dem ich jenes kleine Heft von La Vogue kaufte, das den Anfang der 'Illuminations' enthielt. (. . .) Endlich entkam ich dieser scheußlichen Welt von Taine, Renan und den anderen Molochen des 19. Jahrhunderts" (7). Paul war vor allem Dichter und neigte dazu, den Mythos der Realität vorzuziehen, und in den Briefen, den Zeugnissen, den "Mémoires improvisés" wimmelt es nur so von kleineren Widersprüchen, wie z.B. denen, die sich auf seine Geburt beziehen ("an einem Sonntag, bei hellem Sonnenschein, als gerade die Glocken zum Hochamt läuteten" (8) oder an einem Donnerstag um vier Uhr morgens, wie es im Standesamtsregister eingetragen ist?) oder auf seine Taufe (am 8. September, dem Tag der Heiligen Jungfrau, wie er gern bemerkte, oder am 11. Oktober, wie es das Gemeinderegister anzeigt?). Ein anderer Widerspruch besteht darin, daß er 1951 im Vorwort zum Werkkatalog Camilles schreibt, sie sei im Juli 1913 eingeliefert worden, während es in Wahrheit im März war und im Juli in der Zeitschrift "Art Décoratif" eine sehr schöne Hommage Pauls an Camille erschien (war es ihm im nachhinein peinlich, daß er dieses Zeugnis, eine Wiederaufnahme eines Artikels von 1905, erscheinen ließ, als Camille schon drei Monate nicht mehr der Welt der Kunst angehörte?).

Die Begegnung

1883 geht Alfred Boucher als Preisträger des Prix de Rome in die Villa Médici und bittet Rodin, ihn bei seinem Freitagsunterricht zu vertreten. Man kann sich gut vorstellen, daß vielleicht der angenehme Gedanke, nur junge Mädchen als Schüler zu haben, Rodin bestimmte, diese Aufgabe zu übernehmen.

Er ist vierundvierzig Jahre alt und lebt seit fast zwanzig Jahren mit Rose Beuret zusammen, mit der er einen Sohn hat, der 1866 geboren wurde.

12

Büste des 13jährigen Paul Claudel (1882), Bronze, 40 x 35 x 22 cm

Seit den schwierigen Anfängen ist Rose seine Lebensgefährtin, auch sein Modell, doch er zieht sich immer mehr zurück. Er schockiert mit seiner Arbeit *Das eherne Zeitalter* — eine so erstaunliche Skulptur, daß der Verdacht aufkam, sie sei ein Abguß vom Körper des Modells —, auch provoziert er mit seinem *Der schreitende Mann* und *Der Mann mit der beschädigten Nase*. Damit imponiert er den jungen Künstlern.

Camille Claudel ist ein junges Mädchen von neunzehn Jahren, mit einer "herrlichen Stirn über wundervollen Augen, von jenem Dunkelblau, wie man es fast nur in Romanen findet (...), dieser große, mehr noch stolze als sinnliche Mund, diese mächtige kastanienbraune Haarmähne, von dem echten Kastanienbraun, das die Engländer *auburn* nennen, die ihr bis auf die Hüfte fiel. Eine ungeheure Ausstrahlung von Mut, Offenheit, Überlegenheit, Fröhlichkeit. Jemand, der reich beschenkt worden ist" (9).

Rodin jedoch ist verblüfft über die Kraft und Klarheit von Camilles Arbeit, über die Verwandtschaft zwischen den Büsten, die begonnen wurden, bevor er in der Rue Notre-Dame-des-Champs unterrichtet, und seinen eigenen Skulpturen: die Büsten *Die alte Hélène* oder *Der dreizehnjährige Paul* sind den Büsten *Dr. Thiriar* oder *Paul de Vigne*, die Rodin einige Jahre zuvor bei seinem Aufenthalt in Belgien modelliert hatte, vollkommen ebenbürtig.

Die Bürger von Calais stehen kurz vor der Vollendung (10), und er hat gerade den Auftrag für das Tor des Musée des Arts Décoratifs erhalten; es wird das berühmte *Höllentor*, an dem Camille mitarbeitet. Sie ist besonders für die Modellierung der Hände und Füße verantwortlich. Dieses Werk, das nicht vollendet wurde, beschäftigt Rodin fast vierzig Jahre lang, und es trägt für immer die Spuren von Camille. Tatsächlich kann man mitten in dem Fries *Häupter der Verdammten* neben einem *Johannes der Täufer* entlehnten Gesicht die Züge Camille Claudels erkennen.

(1) Paul Claudel, Vortrag vom 16. November 1937, in: Contacts et Circonstances, Oeuvres en prose, Bibliothèque de la Pléiade, 1965

(2) Goncourt, 8. März 1894, in: Journal TIV, Edition de la Bibliothèque Nouvelle, 1915

(3) Der zweistöckige Pavillon wurde in Wohnungen aufgeteilt, die bis zum heutigen Tage mittellosen Künstlern zur Verfügung gestellt werden.

(4) Mathias Morhardt, Mademoiselle Camille Claudel, Mercure de France, März 1898

(5) ebenda

(6) Paul Claudel, "Und damals war das für mich eine Katastrophe in meinem Leben, weil mein ganzes Leben in der Mitte zerrissen war." In: Mémoires improvisés, a.a.O.

Büste einer alten Frau oder die alte Hélène (1882), Bronze 1885, 29 x 20 x 22 cm

(7) Paul Claudel, Briefwechsel mit Jacques Riviere, 1907/1914, Plon, 1926

(8) Paul Claudel, Briefwechsel mit Gabriel Frizeau, Gallimard, 1952

(9) Paul Claudel, Ma soeur Camille. Katalog zur Ausstellung Camille Claudels im Musée Rodin, 1951, Bibliothèque de la Pléïade, 1965

(10) Einige Jahre später verbindet Rodin Camille mit den "Bürgern", indem er auf merkwürdige Art die linke Hand von Pierre de Wissan und die Maske Camilles zusammenfügt. Laut Georges Grappe soll es sich um eine Darstellung der Andromeda in der rettenden Hand des Perseus handeln.

RODINS ATELIER
(1884 – 1892)

In einem Gespräch mit Jean Amrouche sagt Paul Claudel: "Die Natur hatte sich ihr gegenüber verschwenderisch gezeigt; meine Schwester war von außerordentlicher Schönheit, dazu von einer Energie, einer Phantasie, einem Willen, die vollkommen außergewöhnlich waren" (1).

Diese Eigenschaften entzückten Rodin und führten dazu, daß Camille, die sich von seinen üblichen Eskapaden unterschied, seine große Liebe wurde. Mehr als seine Mätresse, wurde sie seine Mitarbeiterin und Muse.

Im November 1885 tritt sie als Gehilfin in sein Atelier in der Rue de l'Université ein, und dort können Besucher sie nebeneinander in ihren tonverschmierten Kitteln sehen. Rodin überträgt ihr zum Teil die Modellierung noch unfertiger Werke.

Ein Gehilfe, im allgemeinen ein junger Bildhauer, meißelte den Stein nach einer Zeichnung oder Plastik grob vor und poliert ihn später, nachdem der Meister seine Änderungen vorgenommen und ihm so seinen eigenen Stil aufgeprägt hatte. Rodin, der große Virtuose der Modellierkunst, liebte die Berührung mit Ton, dessen Geschmeidigkeit, während er den Widerstand von Stein und Marmor nicht mochte (2). Manche sagten, Rodin habe an einer Marmorplastik ziemlich wenig gemacht, und wieder andere, er habe vielmehr diese Arbeit so weit wie möglich hinausgeschoben. Sein Schüler Bourdelle selbst hatte keine Hemmungen und rief aus: "Jeder weiß, daß ich seine harten Marmorstücke zu Ende geführt habe", und Madame Simpson, deren Büste zu Rodins besten gehört, erzählt, daß Bourdelle die Arbeiten in der Tat sehr weitgehend ausführte, daß aber Rodin alle seine Marmorskulpturen, die er mit Bleistiftlinien überzog, selbst zu Ende geführt hat. Sicher ist das, was Judith Cladel, die Biogra-

phin Rodins, darüber sagt, glaubwürdiger: "Er hat zwar wenig daran gemacht, aber er nahm sie sich doch vor und versah sie mit dem letzten
Schliff seines Genies. Er ließ sie bis an die äußerste Grenze von seinen
Schülern ausführen. Man muß Despiau hören, wenn er erzählt, wie großartig und schrecklich es war, unter seiner strengen Fuchtel zu arbeiten.
Er zwang das Werkzeug, das der Gehilfe in der Hand hielt, unter sein Genie; er unterwarf sich den Willen des Menschen und hob ihn zur Höhe
seines Geistes empor. Dann fügte er seine eigene liebevolle Berührung hinzu, und das stellte den Übergang zum 'Unerreichbaren' dar" (3).

Tatsächlich erklärte Rodin später, als ihn ein Sammler um Zeugnisse für
Marmorplastiken bat, die für die USA bestimmt waren: "Ich gebe Ihnen
gar nichts; das sind Marmorarbeiten von meinen Gehilfen; ich habe nichts
daran gemacht" (4).

Man kann also ohne weiteres annehmen, daß in all den Jahren, in denen
sie an seiner Seite arbeitete, Camille so meisterlich für ihn den Marmor
schnitt, wie es *Vertumnus und Pomona* und die verschiedenen *Kleinen
Schloßherrinnen* eindrucksvoll belegen.

Zu jener Zeit begann Rodin die Reihe seiner stark erotisch gefärbten
Skulpturen (*Der Kuß, Fugit Amor* oder *Der ewige Frühling*); "seine
schöpferische Erfindungsgabe und sein leidenschaftliches Feuer erreichten
damals ihren Höhepunkt. Kein Bildhauer hat es je gewagt, die Stürme der
Liebe, die Glut der Sinne, die Macht des Fleisches so kühn in Materie
festzuhalten" (5). In dieser Zeit schafft er auch wunderbare Porträts von
Camille wie *Aurora* und vor allem die Plastik *Der Gedanke*, die uns, gleich
einer Vorahnung des Schicksals ihres Modells, einen feinziselierten Kopf
zeigt, der aus einem marmornen Pranger auftaucht, einem rohen Block,
der einen hypothetischen Körper gefangenhält.

Die Familie Claudel wohnt damals am Boulevard de Port-Royal 31, und
Camille, die sich von ihr zurückzieht, erwartet Rodin in der alten Residenz,
die er in der Rue d'Italie gemietet hat, dem Clos-Payen-Folie Neubourg.
"Die Residenz, die schon Robespierre, dann George Sand und Musset be-
herbergt hatte, war heruntergekommen, doch geblieben war der Charme
des marmornen Brunnens auf dem gepflasterten Hof und die schmiede-
eisernen Gitter in dem bogenförmigen Tor" (6). Elf Jahre lang konnte sich
Rodin, unschlüssig und hin- und hergerissen, nicht entscheiden zwischen
Rose, die ihm zwar, unter heftigster Eifersucht leidend und zum ersten Mal
um ihr Schicksal bangend, mit ihren Vorwürfen auf die Nerven fiel, ihm je-

Camille Claudel im Alter von zwanzig Jahren (1884)

doch ein bequemes Eheleben garantierte, und Camille, der leidenschaft-
lichen und anspruchsvollen Gefährtin in den Stunden der Arbeit, mit der
er natürlich über Bildhauerei, aber auch über ihre Lektüre sprechen konnte, die häufig eine Quelle ihrer Inspiration war.

Was Paul die "Pariser Legende" nannte, war sehr an Camilles Beziehung
zu Rodin interessiert und fragte sich, ob sie Kinder hatten. Auch wenn
manche annehmen, daß sie zwei Jungen oder sogar vier Kinder hatten,
lassen wir hier wieder das letzte Wort Judith Cladel. Als sie Rodin fragte,
ob es wahr sei, daß er von Camille vier Kinder habe, antwortete er, wenn
das der Fall gewesen wäre, wäre seine Pflicht genau vorgezeichnet gewesen. (7)

Die Porträts

Camilles Begabung zeigt sich in einer Reihe von Büsten, die von 1885 bis
1888 ihren Bruder, ihre Schwester Louise de Massary, ihren Schwager
und vor allem Rodin darstellen. Wenn diese Arbeiten auch noch den Gat-
tungsgesetzen von Porträt und Büste gehorchen, so lassen sie doch ihr
Geschick erkennen, einen Ausdruck oder ein morphologisches Detail zu
schaffen. Aus dem kraftvoll bearbeiteten Material läßt sie Muskeln und
das Profil eines Gesichts, aber auch Persönlichkeit und Charakter ihres
Modells hervortreten. Um sich davon zu überzeugen, braucht man nur im
Musée Rodin die machtvolle Büste *Rodins* zu bewundern, die 1886 modelliert und 1892 als Bronze in der Société Nationale des Beaux Arts gezeigt wurde.

In der Zeitschrift "Occident" vom August 1905 versteht es Paul wunder-
bar zu beschreiben, worin sich die Skulptur Camilles vom zeitgenössischen
Akademismus unterscheidet: "In der Bildhauerei geht es ihr um das, was
sich dazu eignet, hervorgehoben zu werden, was ergriffen, wirklich von
klugen Händen beherrscht werden kann. Alle Dinge, aus deren bruchlo-
sem Ganzen das unseren Blicken dargebotene Schauspiel besteht, sind
von verschiedenen Bewegungen belebt, deren Komposition in bestimmten
feierlichen Momenten der Dauer in einer Art lyrischem Erguß so etwas
wie eine gemeinsame Figur erfindet, ein prekäres und vielschichtiges
Wesen" (8).

Zur Zeit Rodins war Bildhauerei nur noch Dekorationskunst; da es prak-
tisch keine Mäzene mehr gab, hatten die Künstler keine andere Möglich-

Büste eines jungen Mädchens, Louise de Massary (1886), Bronze, 49 x 22 x 25 cm

keit, sich der Öffentlichkeit zu zeigen, als die offiziellen, staatlich orga-nisierten Veranstaltungen: Wettbewerbe für öffentliche Gebäude oder die Salons. Und diese Möglichkeiten waren oft noch den Verfechtern eines biederen Akademismus und den Schülern der allmächtigen Meister der Ecole des Beaux Arts vorbehalten. Außerdem stand das Bürgertum, das überhaupt in der Lage war, Kunstwerke zu kaufen, immer noch unter dem Schock des Krieges von 1870 und war auf der Suche nach allegori-schen und vor allem patriotischen Themen und sicher nicht bereit, diese Skulptur der Bewegung, deren Begründer Rodin war, positiv aufzu-nehmen.

So kam es, daß Camille Claudel zwei Denkmäler abgelehnt wurden, das eine für Villeneuve, ein anderes zu Ehren Alphonse Daudets, während zur gleichen Zeit Rodin den Auftrag für ein Denkmal für Victor Hugo erhielt.

Was die offiziellen Salons angeht, so stellte Camille von 1885 bis 1905 jedes Jahr in der Société des Artistes Français (SAF), in der Société Na-tionale des Beaux Arts (SNBA), im Herbstsalon oder bei der Weltaustel-lung aus. Die Werkankäufe durch den Staat kamen zu spät (1905, 1906, 1907), um sie vor Elend und Wahnsinn zu retten.

Sakuntala

Bei der SAF stellt Camille 1888 *Sakuntala* aus. Diese Gips-Gruppe, die heute in einem erbärmlichen Zustand ist, steht am Anfang der wunder-baren Marmorplastik *Vertumnus und Pomona*, die 1905 zu sehen war, und zweier Bronze-Serien mit dem Titel *Hingabe*, die für die Galerie Blot gegossen wurden.

Viele haben *Der Kuß* von Rodin mit der *Hingabe* von Camille in Verbin-dung bringen wollen; das geht jedoch nur, indem man die Unterschiede betont. Bei Rodin sind die Körper massiv, die kräftige Handfläche des Mannes stützt sich auf die üppige Hüfte einer seinem Begehren unterwor-fenen Frau, während in der Gruppe *Vertumnus und Pomona* der Mann ein Jüngling ist, dessen Muskeln und Rippen hervortreten; er liegt flehend auf den Knien, seine Arme umschließen eine Frau, fast ohne sie zu be-rühren, jene, ganz Süße und Zärtlichkeit, wirkt, als sei sie gerade im Be-griff, sich der Umarmung hinzugeben, ihre Arme um ihn zu schließen. Im Mittelpunkt der Handlung steht der hingegebene Körper der Frau; ohne

Sakuntala oder Hingabe oder Vertumnus und Pomona (1888-1905), Bronze 1905, 42 x 38 x 18 cm

diesen Willen zur Hingabe wäre die Gruppe statisch, wie es bei Rodins *Das ewige Idol* der Fall ist, das jedoch *Vertumnus und Pomona* im Geiste näher steht als *Der Kuß*.

Während Rodin den körperlichen Akt beschwört, läßt Camille zwischen Mann und Frau eine geistige Beziehung aufscheinen.

1886 schrieb Paul seine ersten Verse und erlebte seine Bekehrung. Er veröffentlicht "Goldhaupt" (1889) und "Die Stadt" (1890). Zu dieser Zeit besucht er den Salon von Mallarmé, manchmal in Begleitung von Camille, jedoch zunehmend seltener, da er ihre Liaison mit Rodin verurteilt — vielleicht ist er auch eifersüchtig? In der Tat kann man sein erstes vollendetes Stück "Die Schlummernde" als verzweifelten Versuch lesen, sich "durch eine Farce, doch eine Farce auf eigene Kosten, bei der das laute Lachen hämisch den Traum verjagt" (9), von einer unerreichbaren Liebe und einem heimlichen Begehren zu befreien. Vielleicht einer unmöglichen Liebe zu Camille?

Camille traf, wahrscheinlich bei Mallarmé, Claude Debussy, der ihr ein sehr enger Freund wurde. Sie teilte mit ihm das "Desinteresse" an den "Errungenschaften der impressionistischen Technik (. . .), ein begründeter Zweifel, der zum Ärger wurde, als die 'Errungenschaften' serienweise auftraten" (10). Sie schleppt ihn 1889 mit zur Weltausstellung, bei der ganz Paris Tanz und Malerei des Fernen Ostens entdeckte. Debussy bewahrt sein Leben lang in seinem Arbeitszimmer einen Stich von Hokusai auf, der den Titel "Die Woge" trägt.

Einige wollten in dieser Begegnung zweier sensibler und anspruchsvoller Naturen eine Liebesbeziehung sehen. Das Gefühlsleben und die ehelichen Schwierigkeiten Debussys sind ja bekannt; aber wenn es auch stimmt, daß er in einem Brief an einen Freund vom 13. Februar 1891 (11) von seinem Schmerz über die Trennung von einer Frau spricht: "Ich hatte in der letzten Zeit solche Angst vor mir und hätte nur eine so niedergeschlagene Seele zeigen können, daß ich lieber geschwiegen habe", so nennt er sie doch nie, und nichts deutet darauf hin, daß es sich um Camille handelt.

Im selben Jahr (1889) findet auf dem Champ-de-Mars eine große Ausstellung statt, die 70 Werke von Monet und 36 von Rodin vereinigt. Mit achtundvierzig Jahren ist Rodin berühmt, und 1891 erhält er den Auftrag für den *Balzac*, eine Arbeit, an der er sieben Jahre lang arbeitet und die schließlich abgelehnt wird.

Auf der Suche nach Material für seinen *Balzac* reist Rodin nach Anjou, in die Touraine, zusammen mit Camille, die sich jedoch, Rodins Schwanken zwischen ihr und Rose müde und gekränkt über die Kommentare, die den Anschein erwecken, als seien ihre persönlichen Arbeiten dem Wohlwollen des Meisters zu verdanken, von ihm zurückzieht. 1892 verläßt sie die Folie Neubourg und zieht an den Boulevard d'Italie.

Zwei Porträts von Camille tragen die Spur dieses Ablösungsversuchs, unter dem Rodin leidet: *Die Genesende* und *Der Abschied*.

(1) Paul Claudel, Mémoires improvisés, a.a.O.

(2) "Ach, wenn sich Rodin nur herbeigelassen hätte, den Marmor zu behauen oder seine Abgüsse noch einmal mit dem Werkzeug zu bearbeiten, anstatt sich mit sinnlich-lyrischen Modellen zu begnügen, die er den Gehilfen überließ.", Louis Vauxcelles, in: Le Matin, 23.3.1930

(3) René Gimpel, Journal d'un collectionneur, Calman Lévy, 1963

(4) ebenda

(5) Judith Cladel, Rodin, Terra, Aimery Somogy, 1948

(6) vgl. David Weiss, Le roman de Rodin, Plon, 1965

(7) Judith Cladel, Rodin, sa vie glorieuse, sa vie inconnue, Grasset, 1936

(8) Paul Claudel, Camille Claudel, statuaire, in: Occident, August 1905

(9) Paul-André Lesort, Paul Claudel par lui-même, in: Les écrivains de toujours, Editions de Seuil, 1963

(10) Jean Baraque, Debussy, Editions de Seuil, 1962

(11) Briefwechsel Debussy/Godet, in: Lettres à deux amis, Librairie José Corti, 1891

DIE SCHÖPFERISCHE PERIODE. DER BRUCH (1893–1898)

Mit neunundzwanzig Jahren beherrscht Camille die Bildhauertechnik, und wenn sie auch in der kraftvollen Art, in der sie den Ton bearbeitet, vom Unterricht bei Rodin profitiert hat, so entzieht sie sich seinem Einfluß in der Wahl ihrer Themen, die nicht mehr mythologischer oder literarischer Natur, sondern dem Alltäglichen und körperlichen oder gefühlsmäßigen Erfahrungen entlehnt sind. Eine Wahl, die die Kritiker, die ihre Arbeit mochten und vor allem deren technischen Aspekt betonten, sagen ließ, ihre Bildhauerei sei männlich und stark, während andere, denen es nur auf das Anekdotische ankam, erklärten: "Das ist Skulptur des Gefühls" (1).

Der Walzer und Klotho

1893 löst Rodin Dalou als Präsident der SNBA ab, und Camille stellt dort zwei größere Arbeiten aus: *Der Walzer* und *Klotho*. Von diesem *Walzer*, von dem es drei Bronzeversionen gibt, bewahrte Debussy bis zu seinem Tode in seinem Arbeitszimmer das Exemplar auf, das wir heute im Musée Rodin bewundern können und über das Godet sagte: "Diese Sehnsucht und dieser Schwung, in einem einzigen Rhythmus verschmolzen, der nur schwächer wird, um umso unermüdlicher dahinzufliegen . . ., er hatte, als er starb, weder seinen Zauber noch Trost ausgeschöpft" (2).
Man spürt den Rhythmus, die Harmonie und den Rausch des Walzers, aber auch die Leidenschaft und den Gleichklang zweier Körper. Beide sind nackt, beide sind "aufgewühlte Kraft" und "nervöse Eleganz". Wir sehen hier einen Mann und eine Frau, zitternd vor Leidenschaft, die sie in taumelnder Sinnlichkeit vereint.

Der Walzer (1891-1905), Bronze 1905, 46 x 33 x 19 cm

"Der *Walzer* ist das Gedicht eines wahnsinnigen Rausches: die beiden Körper bilden einen einzigen, der phantastische Taumel verwirrt sie, die Gewänder drehen sich, die Walzertänzerin vergeht vor Lust" (3).

Klotho "bildet für sich allein eine ganze Gruppe mit der gewaltigen, kunstvoll gemeißelten Zottelmähne, die sie kleidet, blendet und umschließt" (4). Klotho ist diejenige der drei Parzen, die die Spindel hält und im Augenblick der Geburt den Lebensanteil eines jeden, den Schicksalsfaden, abspult. Über den mythologischen Bezug hinaus stellt die Arbeit Camille Claudels eine Frage nach unserer Menschwerdung dar, aber auch die Provokation einer schönen und geliebten Frau, die den Verfall und das Alter zeigt.

In einer Kritik war zu lesen: "Mag das technische Verdienst eines Bildhauers noch so groß sein, wenn er sich derartiger Gegebenheiten annimmt, beraubt er sich der reinsten Quellen seiner Kunst. Durch zuviel Intellektualismus hört er auf, verständlich und plastisch zu sein: er liefert sich der Neugier aus, statt dem Ideal des Volkes zu dienen" (5). Die Kritik hatte unrecht, *Klotho* ist nicht nur eine Skulptur von großer Virtuosität, sondern sie zeigt explizit, ohne "Intellektualismus", was der Bildhauer sagen will.

Als Rodin *Die einst die schöne Helmschmiedin war* modelliert, will er damit einen menschlichen Körper darstellen, der ihn fasziniert, insofern er auch im Alter eine gewisse Ästhetik bewahrt. Als Camille sorgfältig die schlaffen Brüste und die hervortretenden Sehnen ihrer Parze in den Marmor meißelt, hat sie ihr eigenes Alter vor Augen.

Von diesem außergewöhnlichen Werk können wir nur noch die Gipsversion bewundern, da die Marmorstatue bei der Verlegung aus dem Musée du Luxembourg in das Musée d'Art Moderne auf ungeklärte Weise verschwunden ist.

Bezaubert von *Der Walzer* und *Klotho*, begannen anläßlich des Salons von 1893 Kritiker wie Octave Mirbeau oder Gustave Geffroy lobende Artikel über die Arbeit von Mademoiselle Claudel zu schreiben.

Aber ein paar aufrichtige Bewunderer genügen nicht, um einen Künstler am Leben zu erhalten. Die materiellen und moralischen Schwierigkeiten, mit denen ein Kunstschaffender, und zumal eine Bildhauerin, gerade am Ende des 19. Jahrhunderts konfrontiert war, haben mehr als einen Künstler daran gehindert, sich zu entfalten. Rodin kannte diese Behinderungen, wie Geldnot, Platzmangel oder ungeheizte Ateliers, in denen die dem

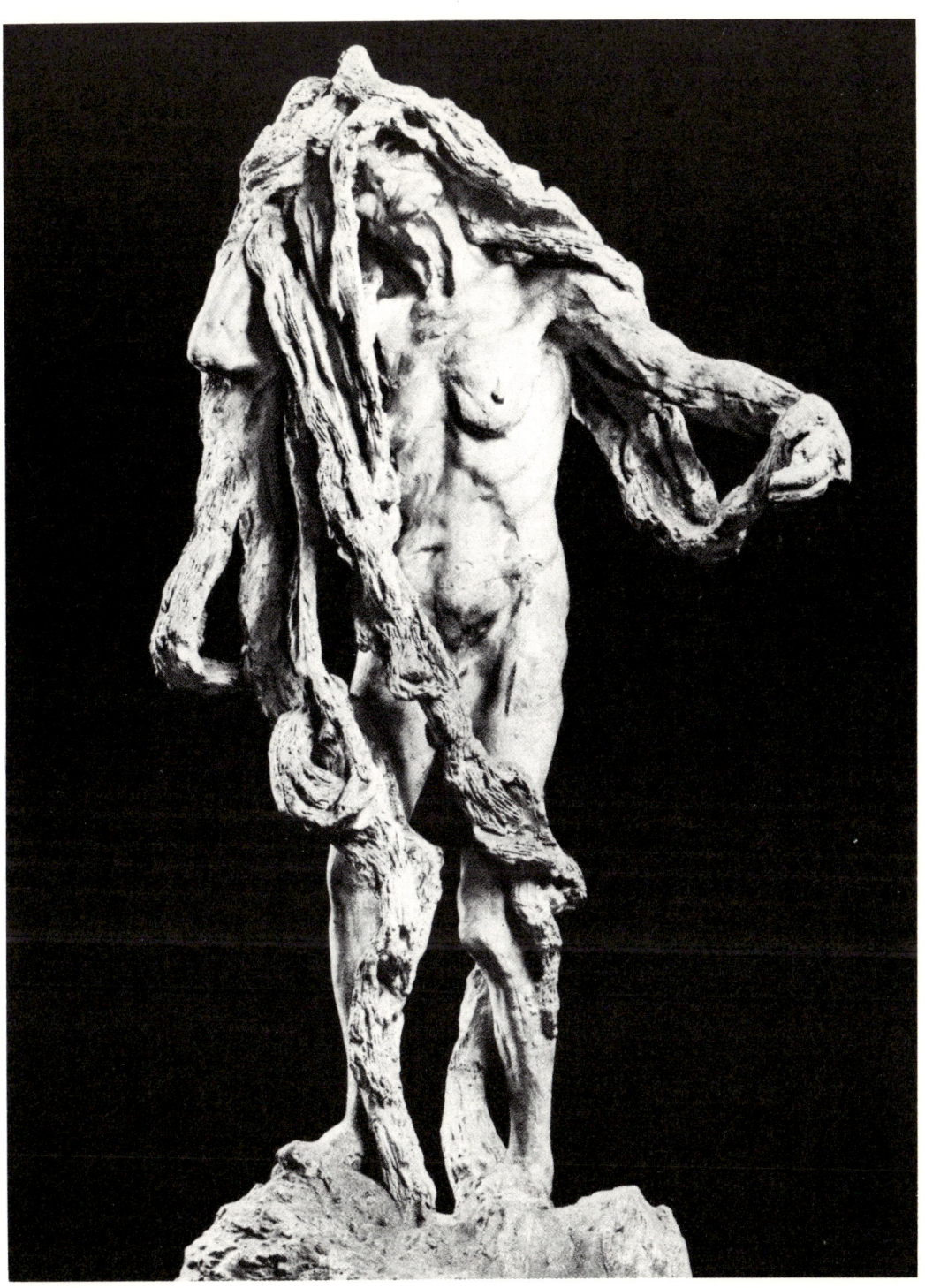

Klotho oder Die Parze (1893-1897), Gips 1893, 90 x 35 x 35 cm

Frost ausgesetzten Tonfiguren zerbröckeln und brechen. Er kannte auch das kunstgewerbliche Metier, von dem sich immerhin leben läßt; war er doch selbst Stukkateur gewesen oder hat für Carrier-Belleuse Figuren modelliert.

Als Konsul in New York ist Paul, trotz der finanziellen Unterstützung, die er ihr zukommen läßt, sehr weit von Camille entfernt. "Ich danke dir für Dein Angebot, mir Geld zu leihen: diesmal lehne ich nicht ab, denn ich habe die 600 Francs von Maman ausgegeben, und jetzt kommt bald der Termin für die Mietzahlung, ich bitte Dich also, wenn es Dir wirklich nichts ausmacht, mir 150 bis 200 Francs zu schicken", schreibt sie ihm 1894. Von ihrem wirklichen Talent überzeugt, versucht sie durch eine erste Trennung, Rodin zu entkommen, und formt "eine kniende Frau mit ausgestreckten Händen, schön in jeder Bewegung ihres Körpers, mit nach hinten geneigtem Oberkörper, das Gesicht erhoben" (6), die diese Trennung verkörpert, aber auch die Trauer, sich eingestehen zu müssen, daß Rodin ihren Absolutheitsanspruch nicht erwidern kann. Diese Figur wird unter dem Titel *Der entflogene Gott* 1894 in der SNBA ausgestellt, und Camille nimmt das Motiv in ihrem Meisterwerk *Das reife Alter*, einer Allegorie ihres endgültigen Bruchs mit Rodin, wieder auf.

Dieser scheint schmerzlich überrascht von ihrer Emanzipation, wie schon damals, als sie sich entschlossen hatte, die Folie Neubourg zu verlassen und allein zu leben. Roger-Marx erzählte den Brüdern Goncourt, daß "auf einmal Rodin völlig fassungslos zu ihm kam und ihm weinend erklärte, er habe keinerlei Macht mehr über sie" (7).

Camille reist allein nach Guernsey und bringt von dort die Skizzen mit für *Der Maler*, "eine kleine Bronze, die den Künstler stehend darstellt, den Pinsel in der rechten, die Palette über dem Daumen der linken, fest auf den Beinen abgestützten Hand", und die, laut Morhardt, ihre Fähigkeit zeigte, "unmittelbar das Leben zu beschwören" (8).

Marmor

Trotz großer Schwierigkeiten arbeitet sie unermüdlich an einem vollkommen eigenständigen Werk. Das sind zu jener Zeit eine Bronze, *Der Psalm*, und drei Marmorarbeiten. Die Bronze wurde 1894 im Salon de la Libre Esthétique in Brüssel ausgestellt, vier Jahre, nachdem Rodin O. Mauss gebeten hatte: Ich wäre Ihnen sehr verbunden, wenn Sie meine

Der entflogene Gott oder Die Flehende oder Anrufung (1894-1905), Bronze 1905, 30 x 35 x 20 cm

Schülerin Camille Claudel einladen würden, die Talent besitzt und vor zwei Jahren eine Gruppe ausgestellt hat, die Aufsehen erregte. Wenn die Bestimmungen es erlauben, würde es mich freuen." (9). Die Marmorarbeiten stellen alle drei dasselbe Mädchen dar, bekannt unter dem Namen *Kleine Schloßherrin*; das Exemplar im Musée Rodin trägt den Titel *Das Kind Jeanne* und wurde von Camille "Die Kleine von Islette" genannt (10).

Es existieren zwei Versionen von der Büste im Musée Rodin, während die dritte, von deren Vorhandensein man weiß, die aber nicht mehr auffindbar ist, ein Werk von verblüffender Meisterschaft sein soll, sowohl was den Schnitt des Marmors betrifft als auch den gut getroffenen Ausdruck des Gesichts sowie den Eindruck, nach den Schultern wolle sich der ganze Körper dem steinernen Block entreißen. Auch hier wieder ist das Porträt nicht statisch, trotz der Starrheit des Materials. Den Haarschopf des Kindes, der der Zeit entsprechend mit Locken gearbeitet ist, wahren Wundern an Technik, und sehr viel stärker behauen als der von *Das Kind Jeanne*, beschreibt Paul Claudel so: "Korallenartige Büschel, vollkommen von Luft und all den Effekten inneren Lichts durchdrungen." (11).

Neben diesen drei Marmorplastiken arbeitet sie an einer anderen mit dem Titel *Aurora*. Wer weiß, welchen körperlichen Einsatz es erfordert, aus dem Stein eine Figur erscheinen zu lassen, wer weiß, wieviel Zeit die Politur in Anspruch nimmt, und wer schließlich weiß, daß Camille Claudel, da sie nicht die Mittel hatte, um Gehilfen zu bezahlen, alle diese Arbeiten selbst ausführte, der kann nicht umhin, neben ihrer bildhauerischen Technik ihren kämpferischen Willen zu bewundern.

1898 stellt sie in der SNBA eine *Hamadryade* aus, auch sie ist verschwunden. Die Frisur ist ein einziges Gewirr mit Alveolen. Wenn Camille Büsten modelliert und "genug hat von diesen Schädeln (. . .), krönt sie sie mit einem phantastischen Haaraufbau; sie heftet ihnen, sicher als Gedanken, als Hintergedanken, ein üppiges Geflecht aus Blumen in den Nacken" (12). Das war so bei ihrem Selbstporträt (*Der entflogene Gott*), es ist so bei den drei kleinen Frauen in *Die Welle*.

Rodin und Camille können sich nicht trennen und nehmen 1895 ihre stürmischen Beziehungen wieder auf. Da der Arzt ihm geraten hat, Paris zu verlassen, kauft Rodin die Villa des Brillants in Meudon. Auch eine Art, Rose auf Distanz zu halten, sowohl zu seinen Ateliers als auch zu Camille.

Der Psalm (1889-1908), Bronze 1889, 45 x 32 x 38 cm

Das Kind Jeanne oder Die kleine Schloßherrin (1893-1896), Marmor 1896, 44 x 25 x 35 cm

Das Kind Jeanne oder Die kleine Schloßherrin (1893-1896), Marmor 1895, 35 x 28 x 22 cm

Das reife Alter (1894-1900), Gips 1894-1895, 87 x 100 x 53 cm

Das reife Alter (1894-1900), Zweiter Gipsentwurf 1898, Maße unbekannt

In ihrer Suche nach der absoluten Liebe enttäuscht, arbeitet Camille unterdessen für ihren ersten staatlichen Auftrag an einer Gruppe, die später *Das reife Alter* heißen wird. Es gibt zwei Gipsentwürfe, die sich wie zwei Abschnitte der Trennung von Camille und Rodin interpretieren lassen.

Bei dem ersten (1895) widersteht der Mann, der sich fest auf seinem linken Bein abstützt, einer alten Frau. Seine linke Hand liegt auf der Brust einer knienden jungen Frau. Die Gesamtbewegung ist eine Diagonale nach rechts, die die Gruppe zu der jungen Frau hinführt.

Bei der zweiten (1898) ist alles vollbracht. Der resignierte Mann gibt der drängenden alten Frau nach, die ihn mit ihren Armen umfängt, während die junge Frau, flehend, mit ausgestreckten Armen (die Gestalt von *Der entflogene Gott*) zurückgelassen wird.

Das reife Alter (1894-1900), Bronze ca. 1899, 114 x 163 x 72 cm

Auch hier ist die Kraftlinie der Gruppe wieder eine Diagonale, die aber diesmal die Gruppe von der jungen Frau entfernt: "Meine Schwester Camille, flehend, erniedrigt, kniend, diese Herrliche, diese Stolze, so hat sie sich selbst dargestellt. Flehend, erniedrigt, kniend, nackt! Alles zu Ende! Das hat sie uns für immer zum Betrachten hinterlassen! Und wissen Sie? was sich ihr, gerade in diesem Moment, vor Ihren Augen, entreißt, ist ihre Seele! Alles auf einmal, die Seele, das Genie, die Vernunft, die Schönheit, das Leben, ja selbst der Name" (13).

Die Entwicklung von *Hingabe* bis *Die Flehende* verkörpert nicht nur das persönliche Drama Camille Claudels, sondern auch ihr Scheitern als Künstlerin, zumal *Das reife Alter*, obwohl ein staatlicher Auftrag, vielen Wechselfällen unterworfen ist.

Onyx

Trotz dieses staatlichen Auftrags ist Camille demoralisiert und durch ihr verbissenes Arbeiten und die Entbehrungen auch körperlich geschwächt. 1897 bringt sie dennoch zwei Skulpturen hervor, die zu den ergreifendsten, den lebendigsten und den "weiblichsten" unserer Bildhauerei zählen: *Die Schwätzerinnen* und *Die Welle*. *Die Schwätzerinnen* stellen vier kleine Frauen dar, die sich ein Geheimnis zu erzählen scheinen; dieses Werk wurde auch unter dem Titel *Die Vertraulichkeit* ausgestellt. "Alle Köpfe sind auf ein einziges Ziel ausgerichtet, und zwar auf das Gesicht, auf die Lippen derjenigen, die sprechen wird. Der Rücken, die Schultern, der Hals einer jeden von ihnen gehorchen derselben Bewegung (. . .). Ein gleicher Schauder, eine gleiche Angst durchdringen sie" (14), und die Transparenz des Onyx gibt uns den Eindruck von Fleisch und dessen Zartheit. Wie Mathias Morhardt glaube ich, daß kein Werk existiert, "in dem sich das Drama mit solcher Plötzlichkeit, solcher Einfachheit, solcher Schärfe entwickelt. Im übrigen besteht keinerlei direkte Verwandtschaft mit irgend etwas uns Bekanntem. Es hat die schicksalhafte Klarheit der Schöpfungen, die nicht von einem bekannten Werk ausgehen (. . .), deren geheimnisvolle Herkunft sich nicht erklären läßt und die dennoch, nach dem unerklärlichen und unerwarteten Willen des Genies, plötzlich da sind" (15).

In einer Bewegung, die ursprünglich auf eine Serie Stiche von Hokusai zurückgeht, erhebt sich *Die Welle* drohend und schaumgekrönt über drei

Die Schwätzerinnen oder Die Vertraulichkeit (1893-1905), Onyx und Bronze 1897, 45 x 42 x 35 cm

badenden Frauen, die erschrocken, aber vielleicht auch nur verspielt sind. Die Camille so teuren losen Haarknoten sind ebenfalls sich brechende Wellen, und die Badenden, deren Knie gebeugt sind, fassen sich auf der Suche nach gegenseitigem Halt bei der Hand.

Die Wahl eines Materials wie Onyx, zerbrechlicher als Stein oder Marmor und weniger hart, ist vielleicht auch eine Anleihe bei jenem Fernen Osten, der 1889 für die französischen Musiker und Maler zur Offenbarung wurde (16), die gewählten Themen jedoch, die so einfach anekdotisch, dem täglichen Leben entnommen sind und nicht einmal mehr in Anwesenheit des Modells in den Stein gearbeitet werden, beweisen ein weiteres Mal die Schärfe des Blicks von Camille Claudel sowie ihre große Geschicklichkeit.

"Der Künstler, der das Leben betrachtet und sich zum Ziel setzt, es getreu nachzuahmen, braucht die stolze Unabhängigkeit der Seele, um die Mittel zu suchen und zu erfinden, die ihm für sein Vorhaben am zweckdienlichsten erscheinen", schreibt wieder Mathias Morhardt, und er fügt hinzu: "weil sich Camille selbstsicher, frei und stark fühlte, hat sie es gewagt, in den Bereich der Skulptur Elemente zu übertragen, die bis jetzt nicht dazu gehörten" (17).

Diese kleinen Skulpturen sind Beispiele eines Projekts, das noch andere Werke mit ebenso alltäglichen Themen umfaßt. Ein Brief an Paul Claudel, dem mit Anmerkungen versehene Skizzen von Camille beigefügt sind, entwickelt einige Ideen wie *Das Tischgebet*, "ganz kleine Figuren sitzen um einen großen Tisch und lauschen dem Tischgebet", *Der Sonntag*, "drei Männer, alle im gleichen neuen Kittel, sitzen hoch oben auf einem Wagen und fahren zur Messe", *Die Schuld*, "ein junges Mädchen, das auf einer Bank kauert und weint, die Eltern betrachten es ganz erstaunt", oder *Der Fiedler*, "drei kleine Kinder sitzen auf dem Boden und hören einem alten Violinspieler zu". Und sie fügt hinzu: "Du siehst, das ist nicht mehr Rodin, und sie sind angezogen (. . .). Nur Dir vertraue ich diese Einfälle an, zeige sie niemandem!" (18)

Einsam und stolz verfolgt sie ihr Ideal, trotz der Ablehnungen, des Geldmangels und der Schikanen wie der, die sie gegenüber ihrem Bruder, der damals in Boston war, mit folgenden Worten erwähnt: "Ich hatte vor kurzem Ärger: ein Gießer hat, um sich zu rächen, in meinem Atelier mehrere schon fertige Sachen zerstört" (19), oder jener, über die sich Morhardt für sie bei Rodin beklagte: Camille hatte für eine Ausstellung im Palais des Machines den Marmor *Hamadryade* und die Bronze *Die*

Die Welle (1897-1903), Onyx und Bronze 1898, 62 x 56 x 50 cm

Anrufung abgegeben. Ein paar Tage später stand der Marmor immer noch draußen im Staub und Regen, und die Bronze war verschwunden. Auf Camilles Beschwerde bei der Verwaltung hatte sich diese sehr gleichgültig gezeigt.

1898 bricht Camille endgültig mit Rodin und zieht in die Rue de Turenne 63. Zur gleichen Zeit wie der Streit um den *Balzac* — um dessentwillen sich die Künstler- und Literatenwelt in zwei Lager spaltete, in die, die der Ansicht waren, die Statue sei "ein Monument des Irrsinns und der Schwäche, der dreiste Akt irgendeines Scharlatans" (21), und in die, die darin ein Manifest der modernen Kunst erblickten — hätte der Bruch zwischen den beiden Künstlern "beinahe für immer (. . .) das Gleichgewicht (Rodins) zerstört" (22) und ließ Camille, auch wenn die Trennung von ihr gewollt war, in Verzweiflung versinken.

Zu diesem Zeitpunkt war der zweite Entwurf für *Das reife Alter* fertig.

(1)   André Michel, Promenades aux Salons, in: Feuilletons du Journal des Débats, 12.5.1903
(2)   Robert Godet, in: Claude Debussy, Katalog der Ausstellung in der Bibliothèque Nationale, 1962
(3)   Louis Vauxcelles, in: Camille Claudel, Katalog der Ausstellung bei Eugène Blot, 1905
(4)   Robert Godet, in: Briefwechsel Debussy/Godet, a.a.O.
(5)   Les Arts Décoratifs au Salon de 1899
(6)   Gustave Geffroy, La Vie Artistique, 1895
(7)   Goncourt, Journal, 10.5.1894, a.a.O.
(8)   Mathias Morhardt, a.a.O.
(9)   Brief von Rodin an O. Mauss, März 1890
(10) Brief von Camille Claudel an ihren Bruder Paul, in: Bulletin de la Société Paul Claudel, Nr. 37, Februar/April 1970
(11) Paul Claudel, Ma soeur Camille, a.a.O.
(12) ebenda
(13) ebenda
(14) Mathias Morhardt, a.a.O.
(15) ebenda
(16) Als der Text bereits fertig war, erhielt ich zufällig einen Beweis für das tiefe Interesse Camille Claudels am Fernen Osten: tatsächlich soll sie 1903 mit dem Direktor der Kunstakademie von Tokio korrespondiert haben.
(17) Mathias Morhardt, a.a.O.
(18) Brief an Paul Claudel, 1894
(19) ebenda
(20) Telegramm von Mathias Morhardt an Rodin im April 1898, Archiv des Musée Rodin, Paris
(21) Olivier Merson, Le Monde illustré, Mai 1898
(22) Cécile Goldscheider, Rodin, sa vie, son oeuvre, son héritage, Les Productions de Paris, 1962

Camille Claudel in ihrem Atelier am Boulevard d'Italie (ca. 1898)

AM QUAI BOURBON. DAS ELEND
(1899 – 1913)

> Ach! Welch verfluchtes Metier, diese Bildhauerei! Der letzte
> Maurer war glücklicher (...). Die edelste der Künste, die
> männlichste, ja; aber auch die Kunst, an der man am sicher-
> sten vor Hunger krepiert.
>
> (Emile Zola)

Im Januar 1899 läßt sich Camille am Quai Bourbon 19 nieder, und sehr
vereinsamt setzt sie ihren künstlerischen Weg fort.

In einem Brief an Mathias Morhardt schreibt sie: "Ich möchte Sie bitten,
Ihr möglichstes zu tun, damit Monsieur Rodin mich am Dienstag nicht
besucht. (...) Monsieur Rodin weiß sehr gut, daß viele böswillige Leute
darauf verfallen sind, zu behaupten, er habe meine Skulpturen gemacht;
warum also noch alles tun, um diese Verleumdung glaubwürdig erscheinen
zu lassen? Wenn Monsieur Rodin mir wirklich helfen will, so ist es ihm
durchaus möglich, das zu tun, ohne andererseits den Anschein zu erwek-
ken, daß ich das Gelingen der Werke, an denen ich mühsam arbeite, seinen
Ratschlägen und seiner Inspiration verdanke" (1). Sie ist tatsächlich überzeugt, daß hinter ihren Streitereien mit den Beaux Arts Rodin steckt, und
wird sogar wütend, wenn man vor ihr seinen Namen erwähnt. Aber selbst
wenn es stimmt, daß Rodin alles dazu getan hat, damit *Das reife Alter*
nicht erscheint, so versichern Zeitgenossen der beiden Künstler auch, daß
er Freunde von sich zu Camille geschickt hat, um Ausstellungen zu orga-
nisieren. Rodin, der in diesem Jahr eingeladen war, in der Maison d'Art
in Brüssel auszustellen und dafür etwa sechzig Arbeiten ausgesucht hatte,
achtete sehr auf deren Präsentation, und für den Ehrenplatz, der die Besucher empfing, wählte er die Porträtbüste aus, die Camille Claudel von
ihm gemacht hatte (2).

Büste Auguste Rodin (1888-1892), Gips 1888, 40 x 25 x 28 cm

Perseus

Camille arbeitet mit Verbissenheit. Marmor ist ihr Lieblingsmaterial, aber infolge von Geldmangel häuft sie Entwürfe und Gipsmodelle an, mit denen ihr Atelier vollgestopft ist. Zu dieser Zeit drängt sich ihr zum ersten Mal seit mehreren Jahren ein mythologisches Thema auf: *Perseus*. Die 1899 ausgestellte lebensgroße Gipsplastik wird das Modell für einen Marmor, der, ebenfalls in Lebensgröße, 1902 in der SNBA gezeigt wurde und von dem man jede Spur verloren hat. Indessen ist im Musée Rodin ein anderer *Perseus* von fünfzig Zentimetern zu sehen, der etwas weicher in der Ausführung, aber umso interessanter ist durch das, was er aussagt: Zweideutigkeit, Infragestellung, Unruhe. *Perseus* hat soeben den Kopf der Medusa abgehauen und schwingt ihn; ein paar Schlangen aus dem Haar des Ungeheuers sind um seinen linken Arm gewickelt, während der rechte die Ägide der Athene hält. Zu Füßen des Helden erhebt sich von dem enthaupteten Körper einer der Flügel der Gorgo, der zur Drapierung wird und das Geschlecht des *Perseus* bedeckt. Der Kopf, den ein gedrehter Haarzopf schmückt, der nicht mit einem Kriegerhelm zu verwechseln ist, sieht weiblich aus; ferner betrachtet sich *Perseus* in dem Schild, der nach dem Mythos glattpoliert ist wie ein Spiegel. Ein Spiegel, der bewirkte, daß Medusa, als sie sich selbst erblickte, wie ihre Opfer versteinert wurde. Schließlich hat die merkwürdige Art, in der er das Haupt der Medusa hält, zur Folge, daß der Schild gleichzeitig das Gesicht des Helden und den Kopf der Medusa spiegeln muß; er, dem es gelingt, sich vor dem versteinernden Blick zu schützen, wird, ähnlich einem neuen Narziß, schauend angeschaut.

Vielleicht lag es daran, daß Paul Claudel in diesem Werk eine Vorahnung Camilles von ihrem eigenen Verfall sah, wobei Rodin, hinter den Zügen der Medusa, durch einen triumphierenden und faszinierten weiblichen Perseus endlich zur Ohnmacht verurteilt ist: "Was ist das für ein Haupt mit dem blutroten Haar, das er hinter sich in die Höhe hält, wenn nicht das des Wahnsinns? Doch warum sehe ich darin nicht eher ein Bild der Reue? Dieses Gesicht am Ende des erhobenen Arms, ja, es scheint mir wirklich, daß ich seine aufgelösten Züge erkenne" (3).

Als Rodin sich 1900 bei der Weltausstellung einen eigenen Pavillon leisten kann, um darin seine Werke unterzubringen und so den Diskussionen mit den Juroren und den offiziellen Komitees zu entgehen, hat bei Camille

Perseus (1898-1905), Marmor 1898-1902, 196 x 111 x 99 cm

zum ersten Mal ein Gerichtsvollzieher mit dem Namen eines Claudelschen Helden, Adonis Pruneaux, gepfändet; und sie kann nichts als alte Arbeiten ausstellen: *Der tiefe Gedanke, Der Traum am Feuer* und die *Hamadryade* unter dem Titel *Ophelia*.

Der Comte und die Comtesse de M. . .

Camille, die sich weiterhin mit Materialproblemen und finanziellem Elend herumschlägt, stellt zu der Zeit, als sie *Die Hingabe* als *Vertumnus und Pomona* in Marmor meißelt, den *Perseus* und zwei Marmorstücke aus, die wir zum Glück wiedergefunden haben: *Der Comte de M. . . im Kostüm Heinrichs des Zweiten* und die Büste der *Comtesse de M. . .* Diese im Stil ziemlich klassischen Marmorbüsten illustrieren sehr gut das Talent Camille Claudels, die Psychologie ihrer Modelle zu erfassen. Der mit Arroganz vermischte Stolz des Comte korrespondiert mit der schüchternen Eleganz der Comtesse.

Eugène Blot, "der leidgeprüfte Verleger in Sachen Kunst" (4), gibt, immer noch treu, die Serie der *"Kamine"* heraus (einer stellt eine Frau dar, die am Feuer sitzt, und der andere eine Frau, die vor einem Kamin kniet) und läßt dreißig Exemplare von *Perseus* gießen. 1905 macht er dasselbe mit *Fortuna* und *Die Sirene*.

In diesem Jahr veröffentlicht Paul, nach einem Aufenthalt in den Pyrenäen, in der Zeitschrift "Occident" eine sehr schöne Hommage an das Talent seiner Schwester, und diese modelliert ihre letzte Büste von Paul. In der ersten Periode ihrer Porträts hatte Camille ihren Bruder sehr oft als Modell gewählt, aber im Jahr der Bekehrung Pauls hörte sie damit auf. Dieses in der Meisterschaft der Modellierung wundervolle Porträt zeigt uns einen Paul Claudel im besten Alter, ängstlich und arrogant zugleich. Paul Claudel schreibt an einen Freund: "Sie ist eine geniale Frau, ich werde Sie in Paris mit ihr bekanntmachen, aber am Anfang ist sie so furchterregend!" (5), "zur Zeit macht sie eine Büste von mir, die, glaube ich, eine herrliche Arbeit wird" (6).

Büste des 37jährigen Paul Claudel (1905), Bronze, 48 x 52 x 31 cm

Comtesse de M. . . (1902), Marmor, 78 x 48 x 37 cm

Comte de M . . . im Kostüm Heinrich II. (1899), Marmor, 66 x 65 x 43 cm

Die Ausstellungen in der Galerie Eugène Blot

Der körperliche und geistige Gesundheitszustand Camilles verschlechtert sich; im November 1905 wird sie krank; als Eugène Blot mit dreizehn ihrer Arbeiten eine Ausstellung organisiert, ist sie kaum wiederhergestellt, und die lobenden Kritiken reichen nicht aus, um ihr wieder Mut und Hoffnung zu geben: "Diese wilde und impulsive Lothringerin, der man kaum geholfen hat, sich den Platz zu erobern, den sie verdient, die die schlimmste Not kannte, das niederdrückende und gemeine Elend, die, voller Verachtung für die Saloncliquen, ganz allein gekämpft hat, ist eine der authentischsten Bildhauer dieser Zeit. Von ihrem Werk geht eine tragische Macht aus; es ist voll aufgewühlter Kraft und nervöser Eleganz. Der Wert einiger Kompositionen liegt in ihrer wunderbaren Dichte, andere sind subtil, ätherisch; doch alle leben. Camille Claudel unterbricht nie den Fluß des Lebens" (7).

1902 schreibt sie, bereits entmutigt, an Eugène Blot: "Ich hätte mir lieber schöne Kleider und schöne Hüte kaufen sollen, die meine natürlichen Vorzüge zur Geltung bringen, anstatt mich meiner Leidenschaft für zweifelhafte Kunstwerke und mehr oder minder abstoßende Gruppen hinzugeben" (8). Sie ist erschöpft vor Anstrengung, verbittert über das Elend und die Überfälle des Gerichtsvollziehers, und all das zu einer Zeit, da Rodin, auf der Höhe des Ruhms, erlebt, wie sein *Denker* vor dem Panthéon aufgestellt wird. Und die stets auf der Lauer liegende "Pariser Legende" berichtet, wie sie des Nachts flüchtet, die merkwürdigsten Leute, allerlei Randexistenzen trifft, oder aber, wie sie im Wahn ihre Arbeiten zerschlägt.

Wenn es zutrifft, daß Camille seit dieser Zeit manchmal gemein zu denjenigen ist, die sie verdächtigt, ihr übelzuwollen, und sogar Rodin beschuldigt, ihr einen Marmor gestohlen zu haben, so stimmt auch, daß man sie in die Mutlosigkeit, in die Verzweiflung, in den Haß getrieben hatte.

1907 versucht Eugène Blot ein weiteres Mal, Interesse für die Arbeit von Camille zu wecken, indem er anläßlich der Auflage von sechs Bronzeabgüssen von *Die Jugend und das reife Alter* unter dem Titel "Der Weg des Lebens" eine Ausstellung organisiert.

Camille ist nur noch ein Schatten des schwärmerischen jungen Mädchens, das Rodin geliebt hatte; ein Schatten, der an manchen Abenden, auf der Suche nach einer unwirklichen Liebe, im Garten der Rodinschen Villa

Fortuna (1900-1904), Bronze 1905, 48 x 35 x 18 cm

herumgeistert und den die Hommage des Kritikers Louis Vauxcelles vielleicht gar nicht erreicht hat: "Ich weiß nicht, was man am meisten bewundern soll an dieser Künstlerin, die in der Fülle der Formen, der Füh-
rung der Linien, der lyrischen Kühnheit des Denkens, in der unfehlbaren
Treue der Ausführung männlicher ist als ein großer Teil ihrer Kollegen.
(. . .) Camille Claudel ist unbestritten die einzige Bildhauerin, auf deren
Stirn das Zeichen des Genies leuchtet" (9).

Niobide

Im allgemeinen ist man sich über die Tatsache einig, daß Camille Claudel
nach 1905 nur noch ein paar unförmige Gipsfiguren modelliert hat, die
nach ihrer Einlieferung in die Anstalt in ihrem Atelier gefunden wurden.
Im Katalog zu der "Ausstellung der Ankäufe und Aufträge durch den
Staat von 1906 in der Ecole des Beaux Arts" (10) ist jedoch unter der
Nummer 299 eine Gipsplastik mit dem Titel Niobide aufgeführt. 1907
finden wir die Erwähnung eines Auftrages für eine Bronze.
Am 4. April 1907 beschwert sich Camille bei Eugène Morand über das Ver-
schwinden der Gipsplastik Niobide, und man kann sich auch hier wieder fragen, ob Rodin tatsächlich die gemeine und abscheuliche Person
ist, als die ihn Camille beschreibt, oder ob sie vollkommen paranoid ist:
"Nachdem er mit allen Mitteln versucht hat, bestimmte Ideen von mir
an sich zu bringen, bestimmte Skizzen, auf die er sein Auge geworfen hat,
und nachdem er bei mir auf erbitterten Widerstand gestoßen ist, möchte
er mich gewaltsam, durch das Elend, mit dem er mich zu ruinieren weiß,
dazu bringen, ihm das auszuhändigen, was er haben will, das ist seine üb-
liche Methode. Da sieht man, zu welcher infamen Ausbeutung sich dieses
große Genie herbeilassen muß, um zu den Ideen zu gelangen, die ihm
fehlen.
Ich erlaube mir daher, bei Ihnen gegen diese unwürdige Behandlung zu
protestieren und um sofortige Lieferung meiner Gipsfigur zu bitten, die
sich nach meinen Vermutungen nicht im Marmordepot, sondern im Atelier
des großen Mannes befindet, wo er sie gerade gießt, wie er es mit allen
Werken von mir macht, mit einem nach dem anderen." (11)
Am 16. April erhält Camille die nötigen Anweisungen, um das Modell,
mit dessen Abguß sie beauftragt ist, als befristete Leihgabe zu übernehmen.

Niobide (1906-1907), Gips 1906, 87 x 48 x 50 cm

Im Mai ist der Guß bereits in Arbeit, und Camille verlangt einen Vorschuß, der ihr verweigert wird, und als im September die Statue fertig ist, fordert sie in einem mit roter Tinte geschriebenen Brief den Besuch des Inspektors der Beaux Arts. Fest steht, daß Camille die Geduld verlor und die Unverschämtheit nicht ertrug, die sie bei ihm wahrzunehmen glaubte, denn Eugène Morand beschwert sich über ihr Verhalten: "nach zwei falschen Reklamationen von Mademoiselle Claudel (. . .) habe ich mir erlaubt, dieser Künstlerin in der allerkorrektesten Form zu antworten. Auf diese beiden Briefe hin erhielt ich Postkarten von solcher Grobheit und Umschläge mit solch stinkendem Unrat, daß ich keinerlei Kontakt zu Mademoiselle Claudel mehr wünsche, die sich gleichzeitig Monsieur Rodin gegenüber genauso verhalten hat. Auch wenn diese Niederträchtigkeiten natürlich anonym waren, so beschuldigen doch die Ähnlichkeit der Handschriften und die Tatsache, daß die Sendungen immer nach meinen Briefen erfolgten, eindeutig Mademoiselle Claudel, der gegenüber ich mir vorbehalte, beim Staatsanwalt Klage einzureichen, falls sich das Geschehen wiederholen sollte" (12).

Am 15. Dezember schreibt Armand Dayot, der schon die Bronze *Der Walzer* so günstig beurteilt hatte und auf diese Weise den Marmor bewilligt bekam (der, wie es scheint, nie ausgeführt wurde), in seinem Bericht: "das Werk ist schön, und ich konnte, als ich es ansah, nur froh sein, daß ich es vollkommen fertig im Atelier der Künstlerin vorfand und daß ich sie nicht mit einer neuen Skulptur beauftragt hatte, die auszuführen sie gegenwärtig nicht in der Lage ist" (13).

Am 23. Dezember wird Camille Claudel aufgefordert, die Statue zu liefern. Das Marmordepot notiert am 1. Januar 1908 unter der Nummer 2161 eine Bronze mit den Maßen 90 x 50 x 55 cm, die den Vermerk "guter Zustand" trägt.

Camille, der es immer noch nicht gelungen ist, ihr Geld zu bekommen, schaltet den Kabinettschef des Außenministeriums ein (oder war es vielleicht Paul Claudel, der diese Intervention erreichen konnte?), dem man erklärt, daß "entgegen ihren Behauptungen kein Brief der Künstlerin unbeantwortet geblieben ist und daß die Bezahlung für den betreffenden Guß unverzüglich vorgenommen wurde" (14). Am 14. Januar 1908 wird Camille Claudel endlich bezahlt. Es dauert dann bis zum 11. April, bis der Beschluß gefaßt wird, das Werk einem Museum zu übergeben; in diesem Fall erhält das Museum von Bougie in Algerien die Gipsplastik.

Niobide, Bronze 1907, 90 x 50 x 55 cm

Am 12. September 1935 wird die Bronze der Marinepräfektur in Toulon zugeteilt, die uns bei unseren Nachforschungen erklärt, nichts dergleichen zu besitzen. Da auch im Marinearchiv im Palais de Chaillot kein Hinweis auf diese Bronze zu finden war, schien die Spur hier zu Ende zu sein. Als wir bei den Marinebehörden in Toulon insistierten, fand sich das Werk schließlich in den Gärten der Admiralresidenz wieder, was ein Schock für uns war.

Der Kreis des Schicksals von Camille Claudel schien sich zu schließen. Von *Pomona* bis *Niobide* ergibt sich dieselbe Frau der Liebe, dann, im Stich gelassen, dem Tod. Bei *Niobide* wie bei *Pomona* ruht die rechte Hand auf ihrer Brust; der linke Arm hängt herab, auf die gleiche Art wie bei *Pomona*, aber der Körper des Mannes ist keine Stütze mehr, er ist Abwesenheit; *Niobide* ist, wie auch *Pomona*, Camille. Verwundet, verlassen, aus Liebe gestorben, erinnert sie, gerade in der Darstellung, an Michelangelos Christus de la Pietà in Florenz, jenen anderen, der nach der Überlieferung auch aus Liebe gestorben ist, jedoch in den Armen seiner Mutter ruht, während *Niobide* stirbt, weil sie die Mutter von Apollo und Artemis verspottet hat. Camille wird allein sterben.

Die folgenden fünf Jahre (1908-1913) sind eine leere Seite in der Biographie Camille Claudels. Was hat sie gemacht? Hat sie noch gearbeitet? Wie hat sie sich verhalten? Die Zeugen aus dieser Zeit sagen uns nicht viel darüber. Judith Cladel erzählt, daß sie sehr liebenswürdig empfangen wurde, daß die Anfälle leider immer häufiger wurden . . ., das ist schon ungefähr alles (15). Und was ihre Verwandten angeht, so waren diese immer äußerst schamhaft und sogar verschlossen.

Rodin, der bei allen, die zu jener Zeit einen Namen hatten, sehr gefragt war, alterte in der Villa des Brillants zwischen der zänkischen Rose, die unfähig war, die Gefährtin eines berühmten Mannes zu sein, rasch wechselnden Sekretären, die nur mit Mühe seinen mißtrauischen und größenwahnsinnigen Charakter ertrugen, und skrupellosen Mätressen. Dennoch verdanken wir seinen Begegnungen mit Isadora Duncan, Loïe Fuller oder Nijinsky noch Modelle und Zeichnungen zum Thema Tanz, die in der Auffassung der Gesten und der Bewegung, die sie ausdrücken, höchst bemerkenswert sind.

In dieser Zeit reift auch in Rodins Geist der Gedanke, das Hôtel Biron könne dazu dienen, seine Skulpturen für die Nachwelt aufzubewahren, und er kämpft bis 1916, damit der Staat eine Schenkung seiner Werke

Vertumnus und Pomona, Marmor 1905, 91 x 80 x 42 cm

und privaten Sammlungen annimmt, zu deren schönsten Stücken die von Camille gehören.

Camille Claudel ist fast 49 alt, als "man 1913 eingreifen mußte" – erzählt Paul Claudel –, "die Mieter des alten Hauses am Quai Bourbon beschwerten sich. Was war los mit dieser Wohnung im Erdgeschoß, mit den immer geschlossenen Läden? Was war los mit dieser verstörten und scheuen Person, die man nur sah, wie sie morgens aus dem Haus ging, um sich für ihre kümmerliche Nahrung das Nötige zusammenzusuchen? Eines Tages drangen die Krankenhausbediensteten von hinten in das Zimmer ein und ergriffen die erschrockene Bewohnerin, die inmitten von Gipsplastiken und vertrocknetem Ton schon lange auf sie gewartet hatte. Die Unordnung und der Schmutz waren, wie es heißt, unbeschreiblich. An der Wand mit Stecknadeln befestigt, die vierzehn Stationen des Kreuzweges, aus der Titelseite einer Zeitung ausgeschnitten. Draußen wartete der Krankenwagen. Und damit war es aus, dreißig Jahre lang!" (16).

Von Ville-Evrard bis Montdevergues war Camille tatsächlich dreißig Jahre lang eingesperrt. Natürlich wissen wir nichts über das Verhalten von Camille und können nicht beurteilen, ob ihre Taten eine solche Behandlung verdienten. Jedoch erscheinen uns einige Punkte unklar.

Wenn Paul Claudel über die Einweisung von Camille spricht, so geschieht das auf eine Weise, die vermuten läßt, daß diese Entscheidung auf äußere Veranlassung, und insbesondere auf diejenige der Nachbarn hin, getroffen wurde. Ville-Evrard war aber ein Ort für "freiwillige Internierung"; wenn also nicht Camille das Einwilligungspapier unterzeichnet hat, so war es ihre Familie. Eine vermutlich gerechtfertigte Entscheidung, die jedoch durch die Entlastungsversuche ins Zwielicht geraten ist.

Auch wenn wir in den Annales médico-psychologiques keinerlei Spur von dieser unglückseligen Geschichte gefunden haben, so erfuhren wir doch aus der Lektüre der Zeitung "La Lanterne" und aus den zeitgeschichtlichen Dokumenten (17), daß Montdevergues in der Öffentlichkeit allgemein als übles Sterbehaus bekannt war. "La Lanterne" ließ es sich im übrigen nicht nehmen, den damaligen Direktor zu schmähen und ein düsteres Bild des Ortes zu zeichnen, was die Richtigkeit der erschütternden Beschreibungen von Camille Claudel bestätigt. Vielleicht werden andere noch mehr Material als Antwort beisteuern können, auch wenn derartige Geschichten ziemlich unwichtig sind gegenüber einem Oeuvre, das uns als Beweis dafür bleibt, daß Camille Claudel wirklich ein Genie war.

Warum diese Verlegung an einen so schrecklichen und von allen so weit entfernten Ort? Wie konnte eine ganze Familie dreißig Jahre lang die Bitten Camilles ertragen, die nichts wollte als den Frieden und die Wärme von Villeneuve? Warum hat man ihr keine andere Anstalt angeboten, zumindest mit angemessener Pflege, anstelle dieses Ortes, wo ihre Mitinsassinnen vor Kälte starben?

Durch die "Hundertfünfzig-Jahresregel" gebunden, die den Zugang zum psychiatrischen Archiv, was Camille betrifft, noch für dreißig Jahre verbietet, besitzen wir so gut wie keine Unterlagen und können nur erschüttert sein über die unablässige Wiederholung in den Briefen dieser Künstlerin, deren Werke zu den lebendigsten und durchgeistigtsten unserer Bildhauerei gehören:

"Mein Gott! Wie gern wäre ich in Villeneuve"

"Mein Traum wäre es, sofort nach Villeneuve zurückzukehren"

"Was für ein Glück, wenn ich wieder in Villeneuve sein könnte"

"Ich würde so gern in Villeneuve am Kamin sitzen" (18).

(1) Zitiert bei Anne Delbée, a.a.O.

(2) Micheline Hanotelle, Paris/Bruxelles, Relations des sculpteurs français et belges à la fin du XIXe, in: Le Temps, Paris, März 1982

(3) Paul Claudel, Ma soeur Camille, a.a.O.

(4) Camille Claudel an Eugène Blot, Archiv des Musée Rodin

(5) Paul Claudel an Gabriel Frizeau, 29.9.1905, a.a.O.

(6) ebenda, 19.10.1905

(7) Louis Vauxcelles, Camille Claudel, a.a.O.

(8) Camille Claudel an Eugène Blot, 1902, Archiv des Musée Rodin

(9) Louis Vauxcelles, Camille Claudel, a.a.O.

(10) Bibliothèque des Arts Décoratifs

(11) Camille Claudel an Eugène Morand, Archiv des Musée Rodin

(12) ebenda

(13) Camille Claudel-Korrespondenz, Archiv des Musée Rodin

(14) ebenda

(15) Judith Cladel, a.a.O.

(16) Paul Claudel, Ma soeur Camille, a.a.O.

(17) vgl. L'Evolution psychiatrique, Privat

(18) vgl. Anne Delbée, a.a.O.

DIE EINWEISUNG UND DIE ZEIT DANACH
(1913—1943)

Camilles Vater, Louis-Prosper Claudel, stirbt am 3. März 1913, Camille wird am 10. März in Ville-Evrard eingeliefert. Später verwechselt sie diese beiden Daten und spricht von ihrer "Entführung", als habe sie am 3. März stattgefunden, und Paul verwechselt, wie wir gesehen haben, März mit Juli, dem Erscheinungsdatum des Artikels, in dem zu lesen ist, mit welchem Scharfsinn und welcher Liebe Paul die Arbeit seiner Schwester verstanden hatte.

Die Freunde Camilles — die, die sie als solche ansah, und die, die sie für Feinde hielt, darunter Rodin — wollten sofort etwas unternehmen. Von zwei Dingen war damals die Rede: ein Saal des Hôtel Biron sollte ihren Werken gewidmet sein, und Rodin sollte eine jährliche Geldsumme zur Verfügung stellen.

In dieser Angelegenheit dienten Mathias Morhardt, ein Freund Camilles und Rodins, und Philippe Berthelot, ein Freund Paul Claudels, seit ihrer Begegnung in China, als Mittelspersonen.

Am 5. Juni 1914 schrieb Mathias Morhardt an Rodin: "Ich traf gerade Monsieur Philippe Berthelot, den ich streng vertraulich von Ihrem Wunsch bezüglich der armen und wunderbaren Künstlerin unterrichtet habe. Er wird sich diskret nach der Situation erkundigen, und wir werden Sie gemeinsam aufsuchen, sobald wir eine genaue Vorstellung von der Geschichte haben.

Doch habe ich Philippe Berthelot gegenüber energisch darauf bestanden, unsere Bemühungen zu vereinen und — vor allem, da jede Hoffnung auf Heilung trügerisch ist — diesem großen Andenken eine angemessene Huldigung darzubringen. Was ich möchte, ist Ihre Zustimmung, einen Saal

Camille Claudel in Montdevergues (ca. 1931)

im Hôtel Biron für das Werk von Camille Claudel zu reservieren. Wir würden dort alles zeigen, was sie hinterlassen hat. Es versteht sich von selbst, daß ich für mein Teil gern das gäbe, was ich noch von ihr habe. Ich bin sicher, daß Ihre Freunde, Fenaille, Peytel usw., es genauso machen werden. Und es wird sicher ein schönes Museum, das würdig ist, neben dem Ihren zu bestehen. Sind Sie nicht auch dieser Ansicht?" (1)

Nachdem Rodin für Camille Geld geschickt hat, antwortet ihm Morhardt am 25. Juli: "Ich habe pünktlich den Scheck über 500 Francs erhalten, den Sie mir geschickt haben, und ich habe mich sofort darum bemüht, diese Summe ihrer Bestimmung zuzuführen. Bedauerlicherweise ist das nicht einfach. Wegen des Widerstands der Familie konnte Monsieur Berthelot die Aufgabe nicht übernehmen. Ich mußte mich, seinem Rat folgend, an die Verwaltung der Beaux Arts wenden, die zwar eine jährliche Unterstützung von 500 Francs bewilligt hat, sie jedoch mangels Kapital nicht bezahlen kann ... Was aber die Frage des von der großen Künstlerin hinterlassenen Werkes angeht, so zweifelt Monsieur Berthelot nicht am Erfolg. Warten wir also ab."

Camille, die wütend über Rodin schrieb: "Er hat sich übrigens mehrfach gebrüstet, den Staat zu lenken, wie er will, und mächtiger zu sein als ein Minister" (2), dachte sicher nicht, daß Rodin diese Macht benutzen würde, um den Widerstand einer Familie zu überwinden, die nichts zu tun haben wollte mit diesem "orakelhaften und behaarten Caliban" (3), mit diesem Kurzsichtigen mit "dem riesigen vorstehenden Auge der Lüstlinge" (4), der schuld daran war, daß eine so reich beschenkte Schwester dem Wahnsinn verfiel.

Und tatsächlich schreiben die Beaux Arts am 30. Juli 1914 an Mathias Morhardt: "Ich darf Ihnen mitteilen, daß ein Erlaß vom 15. Juli die Annahme dieser Schenkung genehmigt. (. . .) Ich veranlasse, daß die Summe, gemäß den Absichten des Spenders, angewiesen wird."

Anscheinend ist Camillie Claudel diese Spende nie zugute gekommen.

Camille stirbt am 19. Oktober 1943, wird am 21. auf dem Friedhof von Montfavet, in dem für die Anstalt von Montdevergues reservierten Teil beerdigt, und die Verwaltung benachrichtigt Paul Claudel, daß "Mademoiselle Claudel zum Zeitpunkt ihres Ablebens keine persönlichen Dinge mehr besaß und daß keinerlei Papier von irgendwelchem Wert, und sei es nur zur Erinnerung, gefunden worden ist" (5).

Als nach dem Tod Paul Claudels ihre Familie Camille "eine der großen

Künstlerin, die sie war, würdigere Grabstätte'' (6) geben will, sind mindestens zwölf Jahre vergangen, und die Friedhofsverwaltung teilt mit: ''das in Frage kommende Terrain ist für dienstliche Zwecke requiriert worden. Das Grab ist nicht mehr vorhanden'' (7).

Von Camille Claudel existieren keine Spuren mehr, außer in dem Werk der großen Bildhauerin, die sie war und der heute ein Platz in unserem künstlerischen Erbe gebührt.

(1)   Mathias Morhardt, Briefwechsel mit Rodin, Archiv des Musée Rodin

(2)   Brief von Camille Claudel an Eugène Morand vom 4.4.1907, Archiv des Musée Rodin

(3)   Paul Claudel, Rodin ou l'homme de génie, 1905, Oeuvres Complètes TXVII.

(4)   Paul Claudel, Ma soeur Camille, a.a.O.

(5)   vgl. Anne Delbée, a.a.O.

(6)   ebenda

(7)   ebenda

AUS BRIEFEN AUS DER ANSTALT

"...man wirft mir vor (oh, welch entsetzliches Verbrechen), daß ich ganz allein gelebt habe."

(An einen Arzt, Februar 1917)

"Zum Schreiben kann ich mich nicht in den Saal setzen, wo alle sich aufhalten und wo ein armseliges kleines Feuer brennt, denn dort herrscht ein Höllenlärm. Ich bin gezwungen, in mein Zimmer im zweiten Stock zu gehen, wo es so eiskalt ist, daß ich blaue Fingerspitzen bekomme, meine Finger zittern und können die Feder nicht mehr halten.
Den ganzen Winter konnte ich mich nicht aufwärmen; ich bin durchgefroren bis auf die Knochen, wie entzweigeschnitten von der Kälte. Ich war sehr stark erkältet. Eine Freundin von mir, eine arme Lehrerin vom Lycée Fénelon, die hier gestrandet ist, wurde erfroren in ihrem Bett aufgefunden. Es ist entsetzlich. Nichts läßt sich mit der Kälte in Montdevergues vergleichen. Und das dauert volle sieben Monate."

"Das Essen besteht im wesentlichen aus folgendem: Suppe (das heißt Brühe von halbgarem Gemüse, immer ohne Fleisch), ein altes Rinderragout in einer schwarzen, öligen, bitteren Soße, und das jahrein, jahraus, alte Makkaroni, die in fettiger Schmiere schwimmen, oder alter Reis, in der gleichen Art zubereitet, mit einem Wort, die ganze Zeit nur fetter Fraß, als Vorspeise ein winziges Stückchen roher Schinken, zum Nachtisch alte Datteln oder drei vertrocknete Feigen oder drei alte Kekse oder ein altes Stück Ziegenkäse; das gibt es für Eure zwanzig Francs pro Tag; der Wein ist Essig, der Kaffee Muckefuck."

Torso einer hockenden Frau (1884-1885), Bronze, 35 x 21 x 19 cm

"... mir ein Heim in Villeneuve zu verweigern. Ich werde keinen Skandal machen, wie du glaubst. Ich wäre viel zu glücklich, wieder ein normales Leben zu führen, um irgend etwas anzustellen. Ich würde es nicht wagen, mich zu rühren, so sehr habe ich gelitten. Du erklärst mir, daß man jemanden braucht, der mich bedient? Wozu denn? Ich habe nie in meinem Leben ein Dienstmädchen gehabt."

"Ich kann die Schreie all dieser Geschöpfe nicht mehr ertragen, es bricht mir das Herz. Mein Gott, wie gern wäre ich in Villeneuve! Ich habe nicht all das getan, was ich getan habe, um mein Leben anonym im Irrenhaus zu beschließen, ich habe etwas anderes verdient."

(An die Mutter, Februar 1927)

"Man darf in einem Irrenhaus nicht auf Veränderung hoffen. Das Reglement ist notwendig für all diese 'aufgeregten, gewalttätigen, kreischenden, bedrohlichen Geschöpfe', die so unangenehm und lästig sind, daß ihre Verwandten sie nicht ertragen können. Und wie kommt es, daß ich gezwungen bin, sie zu ertragen?"

"Ich gehöre nicht hierher in dieses Milieu, man soll mich herausholen, nach vierzehn Jahren eines solchen Lebens fordere ich lautstark die Freiheit."

Giganten (1885), Bronze, 32 x 26 x 27 cm

"Mein Traum wäre es, sofort nach Villeneuve zurückzukehren und nicht mehr wegzugehen, eine Scheune in Villeneuve wäre mir lieber als ein Platz als Patientin erster Klasse hier.
Ich kann es nur bedauern, wenn ich sehe, wie Du Dein Geld für eine Irren- anstalt verschwendest. Geld, das mir nützen könnte, um schöne Arbeiten zu machen und angenehm zu leben! Was für ein Unglück! Es ist zum Wei- nen. Was für ein Glück, wenn ich in Villeneuve sein könnte. Dieses hübsche Villeneuve, das auf der Welt nicht seinesgleichen hat!"

"Heute vor vierzehn Jahren hatte ich die unangenehme Überraschung, zu sehen, wie zwei bis an die Zähne bewaffnete, behelmte, gestiefelte, in jeder Hinsicht bedrohliche Schergen in mein Atelier eindrangen. Traurige Überraschung für eine Künstlerin; anstatt einer Belohnung ist mir so etwas passiert: ausgerechnet mir passieren solche Dinge."

"Ich kann es kaum erwarten, von diesem Ort wegzukommen . . . Ich weiß nicht, ob Du die Absicht hast, mich hierzulassen, aber es ist sehr hart für mich! . . . Wenn man bedenkt, wie gut es sich in Paris leben läßt und daß man darauf verzichten muß, nur wegen der Launen, die Ihr im Kopf habt . . . laß mich hier nicht ganz allein zurück."

(An Paul Claudel, März 1927)

Gebeugter Mensch (ca. 1888), Gips, 42 x 17 x 25 cm

"Heute, am 3. März, ist der Jahrestag meiner Entführung nach Ville-Evrard: Siebzehn Jahre ist es her ... in den Irrenanstalten zu büßen. Nachdem sie mein ganzes Lebenswerk an sich gerissen haben, sperren sie mich jahrelang ins Gefängnis, das sie selbst so sehr verdient hätten."

"Manche hätten wenigstens die Dankbarkeit des vollen Magens und verstünden es, die arme Frau, die sie ihres Genies beraubt haben, zumindest in gewissem Maße zu entschädigen: Aber nein! Eine Irrenanstalt! Nicht einmal das Recht auf ein eigenes Zuhause hat man! Denn ich muß ihnen weiter zur Verfügung stehen! Das ist die Ausbeutung der Frau, die Vernichtung der Künstlerin, die man bis aufs Blut schwitzen lassen will."

"All das entspringt im Grunde Rodins teuflischem Gehirn. Er hatte nur den einen Gedanken, ich könnte nach seinem Tod als Künstlerin Erfolg haben und größer werden als er; er mußte mich einfach in seinen Klauen halten, nach seinem Tode wie zu seinen Lebzeiten. Ich sollte unglücklich sein, ob er nun tot war oder lebte. Das ist ihm in jeder Hinsicht gelungen, denn unglücklich bin ich wirklich!"

(An Paul Claudel, März 1930)

Aurora (ca. 1900), Marmor, 35 x 29 x 30 cm

"Ich empfing sie hinkend, mit einem alten zerschlissenen Mantel, einem alten Hut von der Fürsorge, der mir bis auf die Nase rutschte. Immerhin war ich es. Sie werden sich an ihre alte, verrückte Tante erinnern. So werde ich in ihren Erinnerungen auftauchen — im nächsten Jahrhundert . . .

Ich würde gern in Villeneuve am Kamin sitzen, aber leider glaube ich nicht, daß ich je wieder aus Montdevergues herauskomme, so wie die Dinge stehen! Es sieht nicht gut aus!"

(An Paul Claudel, April 1932)

Der tiefe Gedanke (1898-1905), Marmor, Größe unbekannt

Der Traum am Feuer (1900-1905), Marmor ca. 1900, 26 x 31 cm